Mordazas

MAGALI ALABAU

Mordazas

bokeh ✳

© Magali Alabau, 2019

© Fotografía de cubierta: W Pérez Cino, 2019

© Bokeh, 2019

Leiden, NEDERLAND
www.bokehpress.com

ISBN 978-94-93156-11-1

Notas tan dulces son estos versos

Alicia Llarena

No se puede atravesar el mundo sin mancharse, no se puede vivir una vida profunda sin que el fango nos embarre los zapatos. No es posible una vida despierta sin tocar el vértigo, sin sentir la punzada del dolor en el fondo del estómago, sin encararse con el vacío y asomarse, de cerca o de lejos, a la locura y la extrañeza. Las poetas como Magali Alabau están aquí para ponerle nombre a la experiencia extrema y testimoniar, con su lengua prodigiosa, con su sensibilidad extraordinaria, la hondura de la condición humana, el desvalimiento, la fragilidad, lo vulnerable, el sufrimiento de todos y especialmente el de las almas exiliadas del mundo, náufragas en medio de un océano de gentes. Un mundo-mordaza, por cierto, que acalla voces disidentes, que tapa bocas, que amarra manos, que «propaga la ceguera entre los pueblos», que confina y encarcela y que no ve lo que sí ve la poeta, acostumbrada, en la vida y en los versos, a escrutar y discernir sobre todo lo que observa con atención, sobre todo lo que piensa con lucidez, sobre todo lo que siente con empatía, acciones que procuran, para ella y para quienes la leen, el acceso a un semillero de consciencia.

Este no es un poemario complaciente, esperanzador ni romántico, aunque está lleno de amor. Trata de seres heridos y enajenados, atestigua que «Somos ruinas, edificios cayendo», narra trastornos de mentes y de espíritus que padecen, como Hölderlin, la enfermedad del alma, o que fueron, como Artaud, «una madeja de hilos enredados / que impacienta a los demás», o que se autoimponen, como Camille Claudel, un largo y prolongado encierro: «Su interior confuso / ha roto el contrato con el mundo». Magali asume una tarea riesgosa cuando se adentra en la locura de otros: «es internarse una en un calabozo», escribe, «Se le caen las vasijas de las manos. / Nadie se da cuenta que su cabeza / es un racimo de uvas rotas / desparramando recuerdos». Los nombres propios de este libro bien pudieran ser Magali Artaud, Camille Alabau, pero se vuelven incluso más conmovedores cuando toman tierra en personajes de la biografía privada y refieren el desequilibrio de una hermana, la furia de una madre, la locura de Matilde, la vida íntima y terrible de los «asilos» y «recintos» donde se empastilla a la enfermedad y se castiga y amordaza a la obsesión y al desvarío: «Les pido, les ruego / que me den electroshocks. / Pero no, para mí nada de eso. / Para mí el castigo es ver, ver»,

Es así: este libro de versos es un libro que ve, que ve donde otros no pueden ver, de una franqueza extrema, sello de estilo de esta poeta necesaria, practicante de una lírica que cuenta, con inteligencia narrativa, deslenguada, a chorros, impulsiva, en poemas casi siempre extensos, historias íntimas y vivencias reales trasmutadas en fuente de conocimiento para todos. El alma y la mente humanas en la mejor y peor de sus versiones, la condición humana en estado puro y también en estado de gracia, porque el talento de Magali Alabau para enhebrar los numerosos detalles cotidianos en la aguja del poema hace que en su discurso, de apariencia caótica e imágenes difíciles de encajar en la secuencia lógica, haya siempre un asidero. La vida de todos los días asoma en sus versos confidentes y nos envuelve, nos hace partícipes, estremece darse cuenta de la línea tan delgada que existe entre la cordura y la obsesión. ¿Quién no ha perdido el norte por un amor? ¿Quién no ha desesperado mirando al teléfono que no suena, vigilando al cartero que no trae mensaje? ¿Quién no se ha perdido o ha estado expuesto a quedarse mudo, sin habla, hacia adentro?: «Me gustaría arrancar las rosas, / arrojarme sobre las espinas, / hincarme hasta volver a mí». ¿Quién no firmaría estos versos para despertar del desequilibrio y volver a la vida?

La autenticidad de la poesía de Magali Alabau raya a menudo en el sincericidio. Los lectores esperan dulce de la poesía o, cuando menos, fatalidad atemperada por la belleza, miseria reblandecida por la elegancia, desventura guarecida entre delicadas palabras. Los poetas que se aventuran y dicen lo que es, con versos que lindan la acritud, son escasos. Y los que saben conciliar la acritud con la poesía, de modo que no haya brusquedad sino una poderosa iluminación, más contados todavía. Sin duda hay escenas, secuencias, de información hostil en estos versos; hay clavos, espinas, abandonos, enfermedad, hospitales, miedos, golpes en el vientre, hombres y mujeres atrapados, arañazos, boca rellena de trapos, desafíos, microbios, gusarapos, mapas de ira, literalmente una galería incontable de vocablos cuya semántica resulta desapacible y agria. La lengua que aquí habla busca «escribir una línea intensa, / devastadora, que rompa el párrafo, / que rompa el libro, / que se esconda en el alma / de un lector enfermo como yo». Ahí es nada la intención, la que sueña todo escritor, todo poeta, y que se cumple con creces, y más de una vez, a lo largo del libro.

Dije al principio que este libro no es complaciente («intenso», «devastador», acabo de subrayarlo con sus palabras) y sin embargo está lleno de amor, de empatía, de dulzura, de compasión, de fragilidad sensitiva. Solo con este patrimonio emocional podría emprenderse el viaje a una infancia desangelada, a la carencia, al desamor, a la locura y a las experiencias límites. Parecen versos que desahogan el silencio y las palabras amordazadas, pero hablan por y para la salvación poética colectiva: «Apacigüé tu sufrimiento, / acarreé las palabras / que no me pertenecían». Esas mismas palabras las puso luego sobre la espalda del poema para revelar también, agazapadas entre la furia y el dolor, la ternura infinita de un alma que anhela el regreso al origen, al vientre, al refugio, a la madre: «Una se levanta con un peso tan grande, / con tantas ganas de llorar. / Una se levanta / con el deseo de volver al vientre / de cualquier madre, / quedarse ahí y morir». Magali Alabau es dueña de una lengua poética acentuadamente personal, tan original y única que no deja indiferente a nadie. Franca, directa, fuerte y potente, con giros sorprendentes y asociaciones imprevistas, su alquimia funde la demolición con la vulnerabilidad, el arrebato con la inocencia, y no escatima ni esconde nada. En medio de las paredes que erige para protegerse y del cuarto privado que imagina sin fisuras es posible, siempre, ver la verdad de la miel que desea compartir, la gracia de su ternura, de esas notas dulces con las que, de forma bella, decide cerrar el ciclo: «Una sin madre no vive. / Una sin amor agoniza. / Una termina en salas / de veredictos y acusaciones, / mientras dentro se oye una melodía / que yo quisiera cantar como la paloma, / notas tan dulces / que nunca saldrán al aire / que quedarán en mi cuarto». Aquí están, recién salidas de ese cuarto para alojarse como una muesca intensa y reveladora en el alma de quien las lea y poblar, de hoy en adelante, el aire de la buena poesía hispánica, espacio en el que Magali brilla desde hace años ocupando un lugar prominente y destacado.

Las Palmas de Gran Canaria, junio de 2019

ALICIA LLARENA es poeta, narradora y ensayista. Catedrática de Literatura Hispanoamericana en la Universidad de Las Palmas de Gran Canaria, ha publicado los volúmenes de poesía *Fauna para el olvido* (Premio Internacional de Poesía Santa Cruz de La Palma de 1995), *El arte de las flores secas* y *El amor ciego*, y el libro de relatos *Impresiones de un arquero*. Con más de un centenar de publicaciones académicas en revistas nacionales y extranjeras, entre sus ensayos destacan los libros *Poesía cubana de los años ochenta*, *Realismo Mágico y Lo Real Maravilloso: una cuestión de verosimilitud*, *Yo soy la novela. Vida y obra de Mercedes Pinto* y *Espacio, identidad y literatura en Hispanoamérica*.

Sylvia Flöchinger Courtehoute

Night and day, you are the one
Only you beneath the moon or under the sun
Whether near to me, or far
It's no matter darling where you are
I think of you

           Cole Porter

A mi madre

A mi madre la guardaron
las hormigas del convento.
Se dio luz a sí misma.
Salí con la cabeza deformada
y con orejas de elefante.
La orquesta toca.
Los sonidos se estiran en el aire.
Alvéolos, nubes, semifusas.
Sorda al ritmo, sorda.
En esta sinfonía,
el director me empuja
con su fino batón de madera
hacia atrás, hacia atrás.
Entonces mi madre puja.
La explosión salpica
a los integrantes de la orquesta.
El rostro del director quedó deshecho.
Las palabras de una madre,
los gritos de las enfermeras:
tiene un guijarro entre las piernas
lleno de clavos y de espinas.
La lluvia cae
limpiando el hueco
que le hice a mi madre.

Las calles, barrigonas y húmedas,
se hicieron para resbalar.
Mi madre desdentada

y con la misma rectitud
me espera cerca del tren.
Nos llevará a las dos.

Cuando pierdo las cosas,
cuando trato de ponerlas en orden,
más se descomponen.
Cuando te pierdes entre las habitaciones,
o los nombres se te olvidan,
cuando no reconoces la calle
en que te encuentras perdida,
tu madre te rescata.
Nunca le importaste
pero en tu oncena hora es solícita.
Crees que es otra de sus trampas.
Pero no, ella es ente risueño,
que un día parió
y otro día hizo lo mismo.
Ahora viene a llevarte a lo que dicen
es el verdadero nacimiento.

Tiene frío
como aquella vez
en New Jersey.
Le llevo un abrigo,
unos guantes.
Tose, tose, tose.
Quiere regresar
a la estación de trenes.
Pasamos por avenidas luminosas.
El frío nos cruza las miradas.
Mi madre ha perdido su estatura.

Tiene todavía el cabello rojo,
los labios muy pintados,
la boca seductora.
Pero ha perdido su estatura.
Aun así se mantiene esbelta.
Me lleva en un cinturón invisible.
Hija, tu corazón no anda bien.
Tu corazón va muy aprisa.
Yo tengo el reloj en hora.
Tú lo desajustas.

Dicen los doctores de este hospital
que cuando nace una criatura,
después de despertarse
con el golpe sutil de una palmada,
debe ser presentada a la madre.
Pero mi madre dice
que no hubo enfermeras
ni doctores,
que fue en la tierra donde parió,
como los animales.
Que yo la ahogaba.
Dice que no hubo toallas ni paños
ni vasijas limpias donde guardar
la placenta moribunda.
Solo un dolor profundo
y agudo en el vientre,
como si le dieran
patadas y patadas.
Tuvo tanto miedo en aquel patio baldío,
en ese pedazo de cuarto con tierra,
que pensó acabarme a golpes,
dándose golpes en el vientre.

Corre hacia la muerte.
La grosera muerte de los hospitales.
Desnuda por los pasillos
busca olas y mar,
espuma y salitre.
Solo hay paredes altas
con techos carcomidos.
Corre sin vestimentas,
sin los zapatos, corre.
Álzate del camastro,
quítate la mordaza.

Hay lugares donde se entierra a los vivos.
Cementerios por donde he paseado.
Corre osa con tus oseznos,
gatos corran, corramos
para que los cazadores no nos vean.
Los cazadores rigen el mundo.
Corre con tu herida abierta.
Un día de estos nos sorprenderán.
Nos vestirán para la feria.
Uno no se da cuenta
al baile que lo llevan.

Se asoman los personajes
al último trecho de las galeras.
Tu abuela carga a Sultán.
Hace un gesto para que te acerques
a la puerta de acero donde está asomada.
Sus comisuras blancas
deslíen almidón o leche cortada.
Un almíbar pálido la envuelve.

Tu abuelo vestido con pedazos de plomo
vierte colores metal verde, carmelita, metal cáncer.
Paula sale con su delantal puesto.
Mañana el sol se colará por la cocina.
Llega con calderos la gran instrumentista de la casa.
El arroz lo desgrana entre sus dedos.
Los frijoles, una nube negra en el pasillo.
Hace picadillo de tus peces dorados.
Se despide o te da la bienvenida.
La zarandeas, la devuelves a África,
a su reino de negros, a su príncipe con plumas.
Veo los mangos y el cocotero, las guayabas.
Chupo el meñique de Paula.
Es más rico que la mermelada de fresa.

Girasoles,
orejas desgajadas por el amarillo.
Hombres y mujeres atrapados.
Aquí yo, dándome golpes
en la misma cabeza
que salió de tu vientre.
Cabeza blindada con un casco de ciclista
para que las manos no se rompan.
Cascos y guantes en mi sórdido mundo
de arañazos y golpes.
Nadie me acompaña,
nadie puede acompañarme.
Los manos y sus cicatrices,
heridas recientes jadean,
arremeten y rompen
el casco que le imponen.
Esta cabeza de metal cómo me duele.

Estas manos no sienten,
no tocan a nadie.
Me destrozo la frente.
Sangro morado, sangro azul y verde.
De los huecos de mi nariz
sale ensangrentado el arcoíris.

Amarra mis manos para seguir viviendo,
para saber de la sordera,
del ornamento y del mal.
Séllalas que brincan,
que quieren matar.
Tápate la boca, no hables.

En este túnel, hay un piso
de rectángulos negros y blancos
donde los pasos nos llevan a ningún sitio.
Crean la ilusión de libertad.

Te has quedado guardada en el asilo.
Tu boca rellena de trapos,
tu poco entendimiento,
son los trofeos de los cazadores.
Inútil hablarte.
Eres la india confiada del planeta.
No sospechas el gran experimento
del gran alquimista.

El rostro de la noche alucinada es bello.
Las punzadas que la noche padece
dieron luz a la euforia,
a los cipreses y los pinos.

Entidades sin nombre
carenaron en los puertos.
Encontraron un jardín,
un planeta habitable
y una raza de mujeres fructíferas.
Besaron el planeta azul.
Acamparon y descubrieron
cómo Adán el sol y Eva las estrellas
se acoplaban.
Se acostaron en la hierba.
Adoraron el sol.
Se hicieron fértiles con tanta exuberancia.
Llegaron al puerto de la vida.
Inventaron formas y todos sus conocimientos
los aplicaron de acuerdo a su estilo y pulcritud.
Tierra, oro y sangre fueron sus consignas.
Una raza de seres pequeños,
desafíos, microbios, gusarapos.
Casi muriendo
uno de ellos
abrió el sexo amarillento.
Salió el cocuyo y la rana.
Salí yo.

Seres trasplantados.
Marchan y destrozan con armas.
Vieron flores y las comieron.
Jugaron con los animales
y los devoraron.
La acelga se volvió ácida en sus bocas.
Nuestra tierra virginal,
femenina rosa abierta

por el verde y el amarillo sol,
fue invadida por una raza cansada.
La muerte fecundó a la vida.
La torció y la hizo suya.
Así nos propagamos
con un sabor agrio
sin saber de dónde proviene
el carácter voraz de las dos razas,
una exhausta
y la otra dormitando.
Produjeron el orden
y también el caos.
Él quiere orden,
ella caos.
El caos crea.
El orden se alza en monumentos y estatuas.
Impera, sus leyes son de hierro.
El orden es erecto
está hecho para entrar
majestuosamente.
Se nutre, la leche es su sustento.
El caos con su útero enorme lo devora,
pero antes, lo mece como a un niño,
le da fuerzas, lo duerme,
lo devuelve a la semilla.
El orden necesita la placenta
minuciosa y enredada
de serpientes diamantinas.
El orden se desplaza entre los continentes,
propaga la ceguera entre los pueblos.

¿Quién canta y aúlla libertad?
Yo, prisión de las enterradas
en los asilos y en las cárceles,
la delatada por un hermano
por un tío o un amante.
Por otro que quiso ser y no pudo.
Libertad, flor arrancada cuando nace.

Observo contigo el jardín que florece
y la casita de madera,
osamenta que eriges.
Te ilusiona la carne de los árboles.
Duermes entre ventanas abiertas.
Preservas el universo.
Construyes un techo,
un piso sobre la tierra.
Yo te digo:
avíspate, corre,
sale del pantano,
cuenta la historia universal.
Rebélate.
Córtate un seno,
tíraselo al domador
de tigres y ocelotes.
Enciérrame carcelero,
melindre en mis encías,
guárdame en la sala de las momias.

Zelda

Si nos hubiéramos querido.
Si hubieras dejado a un lado
cualquier ambición.
Si hubieses dejado de mirarte al espejo,
ese incesante instrumento de distancias
y esperas. Yo creí que era de arena,
sin forma, yeso blanco,
polvo, churre, cualquier cosa
pero no persona.
A punto de partir
sin enterarme de cómo fue
ni quién soy, no me acuerdo de mí
pero sí de ti.
Te ensañaste
en imponer la ficha del destino.
Querías que fuera un ojo partido
que interpretara gestos que no conocía.
Todas las mujeres tienen algo tuyo.
Los labios, el peinado,
el color del cabello, la sonrisa,
y ese mundo estrecho de llanto
y expresiones que yo digerí.
Apacigüé tu sufrimiento,
acarreé las palabras
que no me pertenecían.
Me empequeñeciste en el único lugar
destinado a los enfermos,
la cama por el día junto a un radio viejo

con música que solo podía oírse
cuando tú no estabas.
Las palabras que no puedo pronunciar:
Dos mujeres destrozándose.
Infelicidad, esa nota rojiza
que nos sale entre las piernas.
Una le da golpes a la otra,
la otra cobrará las cuentas con otras.
Un ser lleno de palabras obscenas
capaz de humillar con gritos y maldiciones.
Cuál salida para escapar
de las llamaradas intensas
que me sofocan.
Tengo humo en la garganta.
Me consume y me ciega.

Con saliva
tengo que cerrar
los sobres de esta institución.
A ver hasta cuándo.
Si salgo voy a asesinarte.
Primero iré al parque de diversiones.
Si una iglesia estuviera cerca
me confesaría pero de qué vale.
Brinco como los ciervos.
Despegando la lengua del sobre
le digo a la enfermera,
dame otra dosis,
un calmante más fuerte.
Dormir para siempre.
Si me hiciera el favor.
¿Qué hacer cuando una se cae

y se cae y se hiere
y se agarra una
al tallo de árboles débiles
y se cae otra vez y el árbol
y las piedras miran con asombro?

Su rostro,
tantos años encerrada.
Zelda pasaba horas sentada frente al ventanal.
El cristal fascinaba al pájaro que era ella.
Detrás el verde, las flores de Montgomery
y el mar de Long Island.
Las parisinas flores siempre dispuestas en la mesa.
Hay que reescribir tantas veces un párrafo
para que una palabra aparezca viva.
Murmuraba o hablaba sola.
En Gatsby aparece mi diario,
indispensable para Scott.
Ahora punto.
Y fui bailarina.
La dalia de diferentes perspectivas.
Me gustaría pintarlas.
Tenemos mucha naturaleza alrededor, Zelda.
Scott no ha olvidado tu sonrisa.
Quisiera pasear por el bosque.
Ponerme un pañuelo naranja en los hombros.
Parecería un vestido, el uniforme es blanco.
El pañuelo naranja lo haría un vestido.
¿Dónde está mi maleta?
Geranios blancos,
hibisco rojo tomate con el corazón amarillo.
Cactus rojo, lirio blanco, cerezos japoneses,

danza de la flor azul, órbita y astro. Iris.
Todas las flores encerradas en una maleta.

Sí, el pesar es mío y no tuyo, Zelda.
Estás ahí pero saldrás cuando sanes.
El futuro es nuestro, nos espera.
Hemos compartido tanto,
la vida entera, novelas enteras,
momentos eternos.
Tú y yo, Zelda.
¿Recuerdas?
A ti te hace daño todo,
lo que pasa,
lo que ha pasado,
lo que pasará
lo que no ha pasado.
Tu mirada, tus movimientos, tu energía.
No quiero que te identifiques
con ninguno de mis personajes.
Personajes de novelas.
En todas estás.
Estás todo el tiempo,
en mi respirar y en mis latidos.
Pinta pájaros, caballos
y corazones rotos.
Todos se venderán.
Eres un ave que se recupera
aun con la flecha dentro.
Una flecha clavada en un corazón tan grande,
tan enorme, tan rojo y azul.
Los médicos dicen que has de recuperarte
y mi tristeza al fin terminará.

Verte de nuevo atendiendo las flores,
nuestro jardín, tú dándoles nombres.
Vivir sin ti no quiero,
sin tu voz,
tu pasión y tu cuerpo.
La primavera volverá a ser nuestra.
Sin necedades, sin alcohol.
Las olas del mar son tus gestos.
Esta gran melancolía que me invade
se irá para siempre cuando regreses.
Vivir de nuevo, riéndonos, amándonos.
No recuerdes el pasado.
No vuelvas atrás.
Nada en el mar, entre la espuma.
No hacia atrás ni hacia el fondo.
Hay muchos desperdicios en el mar.
Deja la furia en su cueva.
No consientas que salga fuera.
Todo es posible.
Pienso en tu cabello rojizo
y tus ojos ausentes.
Solo cuando me miraban
yo sentía lo que es brillar.
¿Dónde estás?
Regresa.

Domingo en Montgomery,
día de ir a misa,
de vestirse de blanco
y limpiar los zapatos.
Si tuviera tintura blanca para los zapatos.
Pero no tengo tintura de nada.

El agua y el jabón
les quitarán el polvo y el fango.
Pero la tintura les da vida,
brillo y textura teatral
que hacen de los zapatos
una obra de arte.

El domingo es el día
que dan comidas especiales.
La mayoría van a sus casas
y son devueltos el lunes muy temprano.
Yo me quedo y aprovecho
el dulce que preparan,
el refresco de soda.
Domingo, gris y con aire espeso
que trasciende los pasillos.
Escribo los domingos.
No se oyen risas
ni voces susurrando ni gritos.
Los agentes que vigilan
se cambian de camisa los domingos.
Una camisa festiva, una propia
que los hace olvidar el uniforme.
No hay nada de qué hablar.
Nosotros, como dicen,
distorsionando melodías,
somos guiados por los patios.
Deben sostener los vasos de agua
y obligarnos a tomar las pastillas.
Atmósfera anodina con humedad repelente.
No llamas ni mandas una nota.

Oigo a Gershwin.
Viajo a París.
Estoy acá enclaustrada
viviendo de recuerdos,
hablando a amigos que no reconozco.
Contigo, a tu lado,
caminando por los Campos Elíseos,
recostando mi cabeza en tu hombro,
extática de felicidad.
Momentos que se han hecho vida.
Mi abrigo eras tú y acá estamos,
escribiéndote y escribiéndome
para el futuro.
Sabrán las intrigas
y lo desmesurado del amor
que todo lo perdona.

Escribir para pagar las deudas,
la renta y la electricidad.
Escribir la gran novela.
Has escrito solo unas páginas
que no me dejas leer.
Llevar el amor a la escritura,
sofocar palabras
tratando de explicar una emoción.
Nuestras memorias, encerradas
en habitaciones perpetuas,
en movimientos aturdidos,
la estructura ilusoria
de nuestra existencia.
Me reduces a un ballet,
a un gesto.

Tus ojos ya no responden a la mirada
y mi presencia es inútil en esta habitación.

Gin, cerveza,
cigarros, polvo blanco,
cualquier cosa consumo
para empezar a escribir la novela.
Mis libros no aparecen en estantes.
Mi vida es un fracaso.
Sí, para el egoísta es un fracaso.
Una línea,
escribir una línea intensa,
devastadora, que rompa el párrafo,
que rompa el libro,
que se esconda en el alma
de un lector enfermo como yo.
Me queda tan poco, Zelda.
Debo devolverte el amor
como sea, escribiéndote.
Zelda, tú allá en un cuarto, yo en otro,
inventando historias que otros protagonizarán.
Historias que existieron,
que vivimos tan complejamente,
en tumulto, entre celos y empujones.
Hagamos paz en este incendio.
Te quemas y me quemo.
Rescata tus manos
y hazlas reposar junto a las mías.

Palabras

¿Y cómo cuidar las palabras?
Cuando miro el suelo, está roto,
sin reparar, y aunque lo repare
sigue rompiéndose.
Todo se rompe.
Aunque lo cuides
se rompe.
La planta de salvia
se rompió mientras yo limpiaba.
Ahí cayó sin fuerzas.
El cantero lleno de arena
con los restos de la gata
lo rompió un oso.
Presencié el sacrilegio.
Busqué los huesos de la gata.
No encontré nada.

El papel está roto y contiene palabras.
Si uno rompe el papel rompe las palabras.
Las palabras que tengo acumuladas
se desbordan de mi cabeza.
Salen de la garganta,
llenas de musgo y hierro.
¿Cómo cuidar las palabras?
Por la noche se precipitan
y dicen algo así como
soy capaz de dar trompadas,
de tirarme al piso

en el centro de la fiesta
y preguntarte:
Puta, ¿dónde estabas?
Las palabras salen y qué hago.
Hace tiempo que existo entre cosas rotas.
No puedo desecharlas.
No tienen sustitutos.
La mesa está rota.
La silla apenas me sostiene.
No cuento con palabras.
Salen desesperadas,
agrestes,
rompiéndose,
mientras atraviesan
los fragmentos
de mi cabeza rota.

La tarde

Estalla la tarde
    mejor,
        el mediodía.
Aparezco,
me cubro el rostro,
no quiero ver la atrocidad del tiempo.
Tiempo se dice cuando falta poco.
    Mejor,
        la atrocidad del día.
Gris lluvioso
    interrumpido
        por este estruendo.
No, la tarde aún no.
Es mediodía.
Sentada,
las piernas abiertas
mientras la brisa
se esconde dentro.
Movimientos escabrosos,
la impaciencia.
Esperas, revisas, te mueves.
Limpias a medias, apurada.
Un mensaje,
    una señal,
        un signo.
Espero,
    escribo,
        escribo, espero.

¿Aparecerá la luna?
Digo soy.
Digo no soy.
Quebrada, asida a un árbol
que se está cayendo.
La distancia
        la comiera,
                la masticara,
                        la aplastara.
Espero es
                una sombra dentro.
    Me amplío,
me abro como una sombrilla
o una silla plegable.
Devoro
a quien no vea
lo que veo.

En el mar

En el mar los locos flotan.
Los secretos del mar les pertenecen.
A veces algunos regresan a sus pueblos
como peces,
algas de mar,
corales.
Regresan a sus casas
con extrañas sabidurías.
Los locos conocen los secretos
de este mundo lleno de mordazas.
En el viaje se les muestra lo profundo,
el origen de las cosas,
el de las tijeras y el cuchillo.
Hablan con las rocas
y el viento les contesta.
Ven puentes y ven muertos.
Observan procesiones,
a veces profetizan.
Mi hermana
me hacía señas.
Quieta, miraba la ventana,
hablaba con las calles.
Advertía con sonidos guturales
la llegada de seres de otro mundo.
No comía, no tenía hambre.
Ella era la expresión de lo perdido.
Matilde, por otro lado,

aullaba como un lobo.
Me pasaba su lata vacía,
su taza sin agua,
pidiéndome, sonreía.
Es de noche, no puedo.
Es de día, no puedo.
Tendrá que dejarse morir
para salir de esa jaula.
Los insectos la perturban,
los insectos la atacan,
los insectos la consumen.
Tiene una bata blanca
color fango y en cuclillas
se sienta sobre el lodo.
A Judith la visito los domingos.
En la comisura de sus labios
una leve espumilla se dibuja.
Una carta reposa sobre la almohada.
El marido la ha encerrado,
son órdenes judiciales.
La recogieron una tarde.
Gritaba pidiendo auxilio,
que no se la llevaran.
En la cama del recinto
perdió el habla,
la movilidad.
La visten, le dan de comer,
la bañan cuando pueden.
La peinan.
Le hacen todas las pruebas necesarias.
Ha perdido la razón.

Puertas

Tocas las puertas,
   las de La Habana,
   las del Barrio de Marianao,
las de Midtown Manhattan.
Tocas a puertas desconocidas
perdida en la búsqueda de una palabra.
La locura va contigo
de Cienfuegos a La Habana
en un ómnibus de alucinados,
regalo de la institución del pueblo.
Los locos se han desnudado,
se exhiben, se ríen,
espejos burlones
delante del mundo.
Gritan: Tú también.

Entras al espectáculo de lo que no puede
ser,
se llega al límite.
Cuando te dan el pase
y por algo te dan el pase,
la lividez te agarra.
Has entrado a la casa de los locos.
Ojos perdidos que si los miras te atrapan.
Desorbitados alaridos.
No hay comas ni puntos,
no hay párrafos.

Ramas partidas
para el fuego que comienza,
que entretiene,
que nadie apaga.
Aparecen las sillas de ruedas,
camillas, muletas,
y los blancos vestidos hospitalarios.
Ahí te quedas perdida.
Virus, carcajada, ganglio.
Unos brazos pegajosos te aprietan,
te cercan como las hormigas.
Y eres de ese, de esos y aquellos.
Se aproximan dando golpes en el piso.
Te miran, quieren que te unas,
recuestan la cabeza entre tus hombros,
uno te planta un beso.
Quieren que bailes, que tires la pelota.
La autoridad no cuenta.
Una se acostumbra al miedo.

Las cajas

Las cajas guardan
momentos que no terminaron.
En estas cajas que no me atrevo a tocar
se han reunido cuentos y novelas,
poemas, lápices y plumas
que no pudieron seguir contando.
Cada vez que decido poner fin
a la tal caja
y me encuentro un libro,
o una hoja de papel,
me tiro en la sofá
y me abrazo a la almohada.
Cada día que intento deshacerme de las cajas
los recuerdos salen hablando.
Gestos reaparecen con sus vestidos de ayer
y sus peinados.
En la caja, en una esquina,
hay uno de esos que nunca tuvo vida,
malogrado,
que no quise ver,
y dejé atrás a propósito.
Dentro de la caja
aún está esperando.
Cada día estoy lista para mudarme.
Me miro en el espejo abandonado.
Todavía me falta poner en orden los papeles.
El espejo me devuelve páginas borrosas.

Le gritas al espejo
quiero juntar los papeles.
No sé dónde están.

Y ese movimiento

Y ese movimiento
de las sábanas blancas
saliendo del espejo
    me saca la promesa
        de dar fuego a todo,
      a los papeles,
          a las cosas,
      a los libros,
          a las paredes,
    a mi piel y mis huesos,
a mis manos
a mis ojos,
a mi pelo,
y por último a ti.

En esta libreta

En esta libreta se apuntan las cosas,
las cosas peores que una hace.
Las diarias obligaciones:
limpiar la caja de la gata,
ignorar el chillido de la gata.
En esta libreta apuntaré lo que pasa
a esta cosa que soy.
Cambiar el tono:
Stravinsky o Mahler,
Rachmaninoff o Chopin,
Beethoven o Bach.
Fibras enervadas que atienden
a un hígado enfermo.
(Si uno pudiera deshacerse del hígado
y comprar otro).
En cámara oscura,
la otra sale,
la que piensa sin fin
y no se engaña,
la que cada día
mata de tanta necesidad
y escrutinio.
Lo esperado por mí
por ti, por todos
es el diálogo con la máscara
pegada al rostro como un chicle.
Si me dijeras lo que de paso
quiero que me digas,

volarás, volarías.
Recibirías dos bofetadas,
no te olvidarías jamás de la verdad.
Es cruda,
sin sal,
sin azúcar,
es tremenda bruja
que escupe cuando habla.
Nada puedes hacer
y si la amas
puedes decirle
lo que este mueble
 este carapacho,
esta basura que soy
puede decir.
Este es el día de los diarios,
de las percepciones erradas,
del desorden y un poquito más.
Apuntas tu aguijón
al cacharro matutino.
Agua que no tomo,
 bebida,
 vino al reverso,
veneno que abre las entrañas.
Joel, Nancy, trípode y piano.
La ducha,
limpiar cada día,
limpiarse es la blanca palabra,
la que te lleva hacia el cloro
y luego al amoníaco,
la que te identifica.
Hay una mujer tendida en el horizonte,

desnuda,
me inspira,
no oye,
no es sorda,
tampoco ve,
no es ciega,
es que no ve,
pero deslumbra.
Inicia el diálogo de la amante
con cualquiera,
se ofrece hoy a mí,
no habla,
no promete nada.
Al fin cuando la atiendo,
cuando de verdad la veo,
se esfuma.
Espejismos son los momentos,
dosificados por esos estadios
de hacer y deshacer,
detrás de esa mujer
que quiere asesinarme.
¿Será mi madre?
¿La primera mujer?
¿El origen de la espuma y de las olas?
¿Del instante en que se formaron
tantos mapas de ira y amor?
Se hizo de a pocos una vida en nueve meses.
Dudas, temor, empecinamiento,
queriendo malograrme
porque era igual a ella.
Sentí los golpes de su furia.
No quiso tenerme.

Momentos

Describe esos momentos
cuando cambias la tinta
o mueves el vaso de agua.
Ese movimiento imperceptible,
recógelo con palabras exactas.
Salen de un momento único,
lo tocas, no hace falta nada.
Observa las cosas que te acechan.
Dale importancia al frasco
que contiene las pastillas,
cada una tiene un efecto,
imagínalas todas
entre el abismo y la certeza,
entre crisis y dudas.
Esa sutil distancia,
intimidad del momento,
acaríciala, sostenla.
Ese trecho entre el poema
y la cabeza despeinada,
ese pasaje de labios
que recoge la tinta
es lo que importa.
Acércate a la palabra
que se formó dentro,
en un lugar tuyo
por algo misterioso.
Acerca la boca a las letras,

roza las líneas,
pon tu lengua,
moja el papel.

La nieve

Cada año la nieve es más intensa.
Blanca pradera de sal.
Mañana las pisadas de todos,
los engranajes de la naturaleza,
se grabarán como algo común.
Mi ventana es larga,
tres ventanas en una pared.
La madera las separa.
En invierno hay que sellarlas,
excepto una, desde donde miro
el blanco saturado de hielo.
Los pájaros buscan semillas escondidas.
Con los años mi casa
se ha convertido en una cueva,
rincón,
prisión,
otro mundo.
Con el tiempo,
animales extraños
amenazan entrar con sus saltos,
quieren traspasar las rejas.
Los troncos de árboles secos
han rodeado la ventana
de blanco papel, la nieve,
qué pureza.
Mi descuido ha sido no ver las letras
desbordándose en el ventanal.

Hay sol a veces.
Los días grises con nieve
o con lluvia me opacan.
Algo así como en los campos
donde han lanzado a todos
los muertos de la historia.
Me miran
pidiéndome algo
que no puedo dar.
No tengo pan.
Se apresuran
con tanta desolación
a la nieve tan blanca,
tan falta de todo para ellos.
Así te siento mundo.

Crecí creyendo en el paraíso.
Y más tarde, el sueño mesiánico.
Una revolución reciclada
de sermones y consignas,
procesiones en plazas
y voces corales entonando
el mismo himno.
Crisis,
despertar,
olvidar.
Qué más da.
Una desecha la palabra patria,
compañeros,
camaradas,
los cansados discursos de seres exhaustos.
El único deseo es que no interfieran,

que no entren en tu guarida,
que dejen un pedazo de ti intacto.
El dogma sigue su ruta arrasando
con gritos falsos de libertad.
Revolución acá,
revolución allá.
revolución de hace un siglo.
Un club con un abecedario
de cultos delirantes
donde la libertad
y la verdad se confunden.
Oigo el clamor
y temo.
Ahí llegan.
Amenazas,
tonos de voz,
la conveniencia,
el zorro eslabón del oportunismo.
Hachas cortando árboles
que luego queman.
Revoluciones y mataderos.
Las calles revueltas y sucias,
ruinas de países que fueron enteros.
Todas las épocas han sido derrumbadas
por los arquitectos.
Solo la nieve mantiene la memoria.
Percheros sin ropa,
casas sin techos.
Me hablan de Cuba
y yo hablo del universo.

Camille

Querida Camille,
te descubro a través de esos
que con angustia trataron
de entregarte algo de lo perdido.
Voy al asilo.
Otro día viajo a tu estudio en París.
Sacudo el polvillo
que tus esculturas han dejado.
Las han trasladado a otro edificio
donde la Ocupación y la guerra
no podrán destruirlas.
Nadie ha robado tu herencia.
Tampoco nadie oye tus quejas.
Silencio y oscuridad es todo.
Nada volverá a ser como fue,
pero si esperas detrás del tiempo,
     la furia, la ira,
        se alejarán
de las sombras.
Tu estudio conserva tu olor todavía.
Tus pisadas han quedado ahí plasmadas
en la cal para el ojo invisible
y el corazón abierto.
Donde caminaste,
también entran y salen
hormigas y escarabajos.
En 1943, octubre veintiuno,

fue enterrada Camille Claudel
en una fosa para indigentes.

Aparece su rostro demacrado.
No hace preguntas.
No hay respuestas.
Y si las hay no son las que espera.
La consideran tan perdida
en el espacio, en el globo, en la foresta,
buscando algún castillo que no existe.
Cuántas texturas de la piedra guarda su cabeza.
¿Perecerá mi memoria en los anaqueles del tiempo?
Cojea y no se cambia de ropa hace diez días.
Sí, está enferma, no se puede bañar.
Todo escasea, hasta el jabón.
Los tanques de guerra avanzan.
Sueño con ir a la playa
donde el puente de madera y musgo
es el límite, si supiera nadar,
nadar mientras llueve, huir.
La ansiedad la consume.
La tienen que sostener, se cae.
Y ahí donde cae solloza
repitiendo quiero irme,
quiero irme.
Se entrega a la vigilia.
Se pierde entre las habitaciones.
No hay mar.
La locura es la muerte en cámara lenta.
Está derrotada, ya no reacciona.
¿Dar los buenos días y las buenas noches?
¿Sonreír, hablar?

Siente pánico al sarcasmo de las monjas.
No quiere presenciar los gestos disparatados,
los gritos que no cesan.
Miedo al vacío que navega en una balsa.
en su interior confuso.
Ha roto el contrato con el mundo.
Por la mañana siente terror a levantarse.
Pasa el rato esperando noticias.
Una carta de Paul que hace años no llega.
No hay café, hierve dos papas.
Siente calor y frío, frío y fiebre.
Adentrarse en la locura de otros
es internarse una en un calabozo.
Se le caen las vasijas de las manos.
Nadie se da cuenta que su cabeza
es un racimo de uvas rotas
desparramando recuerdos.

Somos ruinas, edificios cayendo.
Podría repararlos con un poco de yeso,
esculpirlos, sobreponerlos para que sigan
ofreciendo un servicio.
Nadie quiere atenderme, no valgo nada.
Soy un desmedro.
Cuesta mantener esta jaula.
Pero yo me siento a tus pies, Paul.
Camille ha perdido los dientes
dándose golpes contra el muro.
Los dientes le han crecido
en la corteza frontal.

Del día no se acuerda
y por la noche no duerme.

Vaga por las calles de París
buscando al Mago
pero no sabe hablar el lenguaje
de los magos.
No hay un rayo de luz
que la ilumine.
En el asilo no hay madera ni carbón.
Los cuartos están helados,
y los pacientes se quedan en las camas
entre colchas malolientes.
El aire frío penetra
por las hendijas del castillo.
Paul Claudel,
a la sombra de su madre,
envió estrictas instrucciones al asilo.
Camille no ha de tocar un cincel.
No podrá mantener correspondencia
ni recibir visitas.
Paul la visitará.
La madre se niega
a presenciar el espectáculo.

Hölderlin

Cuando uno traspasa
y encuentra el número de suerte,
el 21,
uno se prepara para el tiempo
entre la enfermedad y el último suspiro.
A veces la providencia,
dioses diversos y sagrados
dan zarpazos:
un accidente,
una muerte en la calle,
brusca e inexpresiva.
Otros actos que dicen de Dios:
la avalancha de nieve que te entierra
o un puente que se parte en dos
mientras contemplas el rio Necker.
El desprendimiento,
¿cómo será?
¿Noble,
de batalla
o grotesco?
¿Debo hacer reverencias
como el poeta de Nürtingen?
Suabia, suave, suavísimo.
No sé dónde estoy.
¿Allá o acá?

A Hölderlin le tenían miedo.
Sus gestos eran convulsos,

sus postraciones intensas y frecuentes.
¿Desde la muerte
tener miedo a la muerte?
Sobrepasa a la mueca y recita en voz alta.
Grita y acusa.
discute con sí mismo.
Oh, poesía, noche.
De arriba abajo,
de abajo a arriba.
Sube y baja la escalera.
La noche de las escaleras.
No quiere que le lleven libros.
Se ha acostumbrado a los que tiene.
No admite al ciego Homero.
En otra vida leerá el resto.
Cuesta deshacerse de una vida.
Objetos, papeles, libros,
cuadernos que ahora están regados
en cualquier esquina.
Una pira,
los bomberos.
Sagrado viaje.
«*Sí, desde lejos,*
aunque separadas,
¿no me reconoces todavía?»

Le gritan
Señor Orate.
Pasea con los ojos
por detrás del cristal de la ventana.
No hay esperanza que mejore.
Abruma con sus monólogos.

Se justifica, se arrepiente, pide perdón.
Hace reverencias y mendiga.
Vuelve a la ventana,
sin moverse,
cruza el puente del pueblo.
Da vueltas y más vueltas
por la rotonda,
redondez del universo.
Nombra países que no existen.
Inventa lenguajes, habla a sus otros.
Quienes lo cuidan,
a veces son amorosos,
otras veces lo empujan.
El carpintero y su esposa
se ríen de su incoherencia
—Ponte las botas.
—No las encuentro.
Las han escondido.
Por eso no encuentra sus botas.
¿Real Majestad le gusta mi peinado?
Vuestra Señoría es el carpintero
y su esposa, la Amabilísima Reina.
No se levanta y cuando lo hace
es para arrancar las hierbas malas del jardín.
De cuajo las arranca
y las esconde en los bolsillos.
Cuando vuelve a la casa
parece un árbol desprendido,
un abrigo invernal en verano
repleto de tierra y de pequeñas ramas.
Las coloca en su lecho y duerme con ellas.
Señor Bibliotecario,

no lo llaman ni siquiera Empédocles.
El preceptor Hölderlin.
A su trastorno
lo nombran enfermedad del alma.
Mira al piso y ve una araña
de largas patas zancudas.
Que se esconda entre las cajas,
que encuentre refugio en algún libro.

Noche descifrada entre cartas,
y olor a sándalo.
La luna,
emerge de sombras apresuradas
como los amantes
al encuentro.
No hay desolación.
La claridad plateada
intensifica la ferocidad del animal salvaje.
Celebra su libertad.
Yo camino
sin estremecerme
ante formas terribles.
Me reconcilio con la vida desde la noche.
La noche es el disparate,
la transgresión.
Al principio no duermes,
el cuerpo poco a poco se disipa,
desgastado, habla,
y la palabra es una rama febril
que no encuentra su árbol.
La noche se asienta,
crece con los años.

Noche verdadera
de luna y magia.
Las sabias lechuzas
y los magistrales murciélagos
van de dos en dos.
Hölderlin susurra:
la noche me pertenece.

Paisaje

En el vasto paisaje de árboles
el invierno aparece.
La lluvia es cómplice
de la demolición
del campamento.
Estrategias del tiempo.
Campos de batalla
donde unos caen y otros
apenas sobreviven.
Los osos duermen
pero no los hurones.
Entre salvajes,
la rabia es emisario.
          Ataque repentino
          de uñas
          rasgando mi barriga.
Ante el chorro de sangre,
el terror y las mordidas,
las balas arrasan al hurón enfermo.
Ahora se congregan cada noche.
Les crecen máscaras a las tribus,
lavan sus garras en el agua.
Frente al muro,
unos me miran de reojo.
La matriarca se acerca,
se esconde detrás de la cortina.
Las estrellas concurren

mientras ellos devoran,
se fajan, se muerden,
se roban los pedazos
y cargan los despojos.
La más débil
tiene un solo ojo
y una pata.
Queda atrás.
Es el sacrificio de la tribu,
el pago final, la diferencia.
A los otros, también,
la cacería los sorprende.
La piel, su identidad,
los lleva a la miseria.
En el vasto paisaje
la tribu de hurones
pasa de un continente a otro
dejando el agua sucia.
Se arman,
vigilan.
Por las hendijas,
uno de ellos entra
buscando semillas.
Chillidos, rápidas sombras.
El gato lo atrapa,
lo lleva apretado
en los colmillos.
No sabe,
sigue el instinto,
la matanza.

La locura

La locura aparece en una nave,
cruza ríos y canales.
Antes de finalizar el viaje
deposita su carga en el fondo del mar.
Navega de ciudad en ciudad
recogiendo a los que hacen muecas,
a los que corren despavoridos,
a los que no respetan las costumbres del pueblo.
No siempre los montan en las barcos,
a veces los encierran en corrales.
No pueden entrar en las tiendas,
los persiguen con piedras y con palos.
Los locos se pierden en el mar
o se pierden en la tierra.
En un lugar remoto
lleno de cuervos, zopilotes y auras,
conocí a Matilde.
Decían que cuando le entraba la locura
iba corriendo al monte y se ofrecía a los hombres.
Así calmaba su lujuria y su mal.
Reaparecía desnuda, mordida y rota.
Ese verano todos la abusaron.
Jóvenes y viejos, capataces, solteros, casados,
dicen, que hasta los caballos y los perros.

Matilde duerme en un camastro lleno de polillas
y yo duermo en una hamaca cerca del camastro.

El piso es de tierra.
Ella, con los ojos abiertos, ojos enormes,
espera el momento preciso
para enterrarme las tijeras.
Tantas plegarias salen de su lengua,
revelaciones de la madre diosa,
de la madre de la casa,
de la madre que regaña.
Matilde oye y no oye nada.
Se levanta del camastro
empuña la escoba y revuelve la tierra.
Barre la estancia hasta que de repente
se incrusta las tijeras en el cuello.
La sangre flota conmigo.
La luna flota en el cuarto.
Mis ojos se confunden con las lunas
que entran y salen.
No hay transporte ni rutas.
Aquí en la comarca
todos se enferman y se curan.
Si no se curan se mueren,
si no se mueren vuelven a lo mismo,
a esa catatonia de la selva.

Apaga la luz

Apaga la luz,
observa el reposo del tiempo
entre ondas congeladas
adornando los vidrios.
Nada falso escapa.
La oscuridad es testigo
de la lucha entre las sombras.
El cortejo se adentra
en espacios afilados.
Entre sus dientes
y el firmamento,
la niebla.
Cáscara y fantasmas
se desprenden
sembrando la noche.
Con cuchillo,
punzón,
y tijeras
entras al reino.
Muda,
sin forma,
sin piel ni tejidos,
así entras.
El augurio
traza la apoteosis.
Odiseo,
Homero a Ítaca vuelve,

aunque con miedo.
A los de allá veo,
a los de ahora,
a los que nacieron
del fuego en Troya.
Entre los escombros, los ciegos,
inmóviles entre las ruinas.
Estuve en Troya,
pisé Ítaca,
me devolví
cuando todos salieron huyendo
hacia los barcos.
Corté maletas,
mi ropa dejé atrás.
Roma esparcida,
como aura tiñosa
roe los desperdicios.
La isla está destruida
para mí,
no para ti.
He contado los edificios ausentes,
perros desollados en las calles,
verdes hombres que al paso
siembran hasta las piedras.
Una isla donde el mar azul me hablaba,
su latido igual me alcanza
aunque no tenga residencia en el océano.
Isla viva,
que el ocaso no llegue.
De ti salen espíritus que cuentan
la caída de tus muros.
A donde voy

la niebla no me deja avanzar.
Mi corazón
se ha vuelto líquido
de tanta espera.
Las mujeres de Troya
tratan de aplacar el fuego.
Acompáñame,
dime que si vuelvo
las ruinas no olerán
mi perfume extranjero.
Rómpanse tímpanos de hiel,
la auténtica agonía de gente
que no tiene,
que suda sin parar,
que se levanta
sin dientes ni espejo.
Mira adentro lo que ha pasado.
No, Homero no dirá sus versos,
como hizo en otros tiempos
ni lamentará a esta Troya devastada
Héctor es cada hombre
desplazado por la tribu de aqueos.
Lamentos, peticiones,
la huida deseada
en frases que desdicen
el golpe de los labios.
Si hay protesta, hay sangre
y barrotes en cajas solitarias.
El reino de los locos,
penumbra de los antagonistas.
¿Qué poder les dio esa religión
que han copiado de cíclopes?

Al fin la niebla me ha dejado pasar.
Náusea,
escalofríos,
temor a enceguecer.
Mis ojos entre dos mundos
preguntan a la reina de consortes,
si no ve la trampa en esa condecoración
que ofrecen los reptiles.
Botín que atrae y desquicia.
Troyana, hay peligro,
quítate las plumas,
deshaz el uniforme,
rápate el cabello y pronuncia
la palabra asesino.
No duermas con sus panteras.
Corre que el fuego ya está cerca.
No mires la llama
ni tampoco creas
que puedes apagarla.
Apártate de todo y huye.
Esos galardones del brujo
revuélcalos en ceniza.
No descartes
la claridad de la noche.
No te pierdas
porque te alumbra ahora.
A veces a tu lado, a veces en otro,
la luna también traiciona.

Inventario

Los muebles
se sorprenden de la partida,
de la brusca urgencia.
El escaparate está vacío.
Nada queda
aunque no fuiste tú
quien preparó la maleta.
De mano en mano,
te pasarán como una tela
o un libro,
como un guante
o una pala.
Te llevarán por mar,
por aire o carretera.
Los que te rodean
son los que deciden.
En esta hora crucial
ya ni me miran.
El viaje es largo.
Han colocado ya el vestido
encima de la cama.
Examino los rincones.
Necesito una torre,
un asta, un bastón,
una soga donde colgarme.
He perdido mi cuerpo.
No lo siento.

La casa huele a frutas y verduras.
Los santos en el altar,
están ahí, con la misma devoción,
con los ojos alzados hacia el cielo.
Se han quebrado las paredes.
Han desaparecido las sillas y las mesas.
Un gigante me arranca del cemento.
Me carga aunque grito que no quiero.
De nada vale arrodillarse
o abrazarse al perro.
El cazador ya tiene el rifle preparado,
también su gorra y su visor.
Su voz áspera destila adrenalina.
Ya tiene aprendida la cartilla.
Ha hecho ya sus cuentas
y eliminado cifras.
Es rápida la transacción.
Su rifle está apuntando.
Ya instaló alfombras viejas
cerca de la puerta,
así la sangre
no manchará el piso.
Maleta y viaje,
sangre y silencio.

Adagio Assai

Oyes a Ravel
cuando entras al recinto.
Adagio Assai
te ayuda a perderte en los pasillos.
Al lado de cada ojo,
muy cerca de las cejas,
encima de la nariz,
sientes una placa de acero
que se endurece dentro.
Comienzas a sentir todo de acero.
Quieres abrazarte a alguien
que crees es de acero,
le pegas a ese acero,
a esa persona que crees de acero
porque tienes acero dentro.

La enfermedad de las obsesiones:
uno mira al teléfono,
uno vigila al cartero,
revisa el buzón unas cuantas veces
hasta que pasa la hora
y sabes que ya hoy no hay nada.
Llamas a la vecina
a ver si el cartero
ha dejado la carta en su buzón.
Vas al correo
indagando si el despacho de las tres

ha llegado.
La aflicción tiene sus características.
Uno se viste y no importa la ropa
ni encontrar que zapatos,
ni mirar el rostro en el espejo
antes de ir afuera.
Hay prisa y apuro
empujándote al correo.
Llegas temblorosa
y el empleado te mira de reojo
entendiendo la ansiedad por la carta,
esa que nunca llega.
Vuelvo al cuarto.
El piso se ha vuelto un basurero
de mensajes que no obtienen respuestas.
No hay luz pero tengo fósforos.
Dicen que algo anda muy mal
cuando uno vive ajeno a lo que pasa,
cuando preguntan qué quieres
té o café
una papa o arroz
y te quedas callada.
No hablas,
no hablas
ni vas al puerto
donde el mar te espera.
No caminas,
ni el crepúsculo te asombra.
No hablas, no hablas, dejaste de hablar
cuando cambiaron la puerta.
Era de madera ahora es de metal.
Comienzas a cortarte las uñas

y si las tijeras no cortan buscas otras
que no cortan tampoco.
Vas por una piedra
para afilar las tijeras.
El violín en tu oído
entre la viola y la piedra,
la sinfonía que falta, tu discurso.
Me gustaría arrancar las rosas,
arrojarme sobre las espinas,
hincarme hasta volver a mí.

El mono

Le sellan la boca,
te tuercen las piernas.
Ahora eres el cocuyo
encerrado en la botella.
Hubo algarabía.
Los cazadores se unieron
para amarrar al mono.
Medio desvencijado
le arrancaron la lengua.
Sangre salía de su nariz pequeña.
Así lo llevaron a la sala,
a la sala de todas las salas.
A la sala de los experimentos.

Recinto

En este recinto
dan muchas pastillas:
rojas evaporadas, color naranja,
carmelitas, verdes y amargas.
La enfermera,
desgastada de tantos locos,
distribuye las pastillas,
y los pacientes duermen.
Imperturbable sueño
para no imaginar calles
llenas de basura
y esqueletos de perros.
A mí no me permiten tomar pastillas
pero veo cómo las reparten,
como a veces las diluyen en agua
y los locos las tragan.
Sueño, imagino, alucino,
mujeres vestidas de negro,
con este calor sofocante
pidiendo comida
con un latoncito en la mano
y en la otra, un niño gimiendo.
No puedo ir a donde están ellas
no puedo abrir mi cartera
porque no tengo cartera.
No puedo invitarlas a mi casa
porque ésta es mi casa.

Aunque tuviera un lugar dónde llevarlas,
a ellas y a sus esqueletos
no los quieren en ningún lugar.
Les pido, les ruego
que me den electroshocks.
Pero no, para mí nada de eso.
Para mí el castigo es ver, ver.
En este recinto dilapidado,
donde uno está de pie todo el día,
los dementes vocean:
Zorra, aprende
el lenguaje de los locos.
Arrimo la cabeza a la pared
cuando no puedo más,
me doy zarpazos.
Se abre una puerta y me escondo.
Se cierra una puerta y vigilo.
Cuando el médico llega
las piernas me tiemblan.
Habla de amputaciones,
de venas varicosas,
del pelo que se me está cayendo.
Me dice que nunca digo nada bueno.
−Pero si no hablo.
Tienes que dormir un poco.
Una se levanta con un peso tan grande,
con tantas ganas de llorar.
Una se levanta
con el deseo de volver al vientre
de cualquier madre,
quedarse ahí y morir.

Artaud

Llegarán las leyendas,
águilas hambrientas y estériles
escribirán sobre mí.
Adornarán mis ideas,
publicarán mis manifiestos.
Apuntarán obtusas opiniones
en un universo de simulacros.
Que aparezca lo extraño,
el perfil que soy,
un animal en cautiverio.
Solo,
como un rayo
que no tiene dónde caer.
Quiero defender mi vida.
Soy una madeja de hilos enredados
que impacienta a los demás.
Un condenado a la casa del garrote.
Décadas de insulina y electroshocks.
Doy gracias a los insultos
y el razonado entendimiento
de mis contemporáneos,
mis amigos de teatro,
la nación francesa.
Me invitan a leer en eventos
que recaudan fondos
para mantenerme
en una especie de cuchitril,

una extensión del sanatorio.
Temen que comience mi delirio,
que los avergüence.
Pierdan la razón,
entréguense al martirio,
vuélvanse miembros
del club de los miserables.
Espanten esa hipocresía que corroe.
Mundo creado para esclavos,
coman la manzana podrida.
Sean audaces.
Muerdan.
No obedezcan.
Si obedecen les darán una medalla,
un diploma que no vale nada.
El pedigrí falso,
la perenne ilusión.

Artaud contempla el verdor de los árboles.
Mentira,
no hay ventanas acá.
Un cuarto,
un calabozo,
un cajón cerrado.
Un inodoro vigilado.
No hay espejos.

El Momo dormido.
El Momo en el puro abismo
aguantado con píldoras de plomo.
Doblado, machucado,
partido en dos

y cosido con puntadas
de crujiente azufre.
Cruel estruendo contra mi espíritu.
Abandonado en el puerto,
no quisieron arrojarme al mar.
Me abarrotaron de preguntas
que no pude contestar.
Encerrado en Rodez,
la farmacia de las ratas,
experimentan.
Soy el elegido de las cátedras psiquiátricas.
Quieren saber si un hombre tiene espíritu,
y si lo tiene, en qué lugar reside.
El vaivén del buque me da náuseas.
Barco de locos en pleno siglo xx.
Nadie me atiende, estoy enfermo.
Bla bla bla bla bla bla.
Nada pienso.
Nada puedo.
En este bote hay chinches y perros.
Dios es un perro y la Virgen una perra.
Perra y Virgen del Martillo.
Tengo las marcas de la Diosa
en las orejas, en el cuello
y en los genitales.
En Rodez inyectan la lengua,
se hincha y dejo de gritar.
Me castigan
porque tengo espíritu.
Discuten la distancia
entre mi alma,
la cabeza y mi sexo.

Escupan,
miren mi rostro encogido,
los dientes hechos polvo,
mis pómulos lacerados.
Mi cabello se pudre.
Me regalan cigarros.
Me dan láudano.
Pero aún no encuentran mi alma.

Espero

Quería que el tiempo pasara,
su lentitud, el ahora, hoy,
el imperfecto era imposible soportarlo.
No estaba ordenado el mundo para mí.
Una obediencia medida al tiempo de los otros,
a sus horas, a sus minutos,
a sus lluvias y humedades.
La obediencia me acompaña,
me persigue y me guarda.
Después llegaron los jefes,
que ordenan desde un reloj alarmado,
y nos despiertan de las pesadillas diarias
para sumergirnos en pesadillas eternas.
Un compendio de ocho horas
donde el rostro no cambia de postura.
Sumisión comparable a la de la hormiga.
De qué liberarme, si lo supiera.
Experiencias y posibilidades
presentadas con las mismas estructuras.
Horror a la careta de todas las prisiones.
Miedo a dormir de noche
en la cuadrícula de un banco
pidiendo dinero entre colchas y trapos.
Trabajos anónimos, oficinas numeradas
donde hay que confundir puertas
antes de encontrar
la entrada puntual y rigurosa.

Ponchar números cuando una entra
y cuando una sale
del palacio de la desesperanza,
de ese manicomio tan higiénico.
Soy el número 8794.
Horas irreconocibles en blanco.
Limbos ácidos y antisépticos
con puertas y paredes grises,
sin plantas ni ventanas.
Para huir de ese círculo de muerte,
hay que pedir una llave,
y ahí, en el baño encerrarse
y emitir un grito mudo
como el de Madre Coraje.
Largas horas en esos corredores.
Larga vida en un cajón
copiando documentos.

Los arquitectos

Nos fragmentaron
con sofisticados bisturíes.
El oro lo encontraron,
aunque siguieron exhaustos.
A punto de regresar a sus costas,
trataron la vivisección de los esclavos.
Alzaron corazones latiendo
a sus dioses serpientes.
Los símbolos y el ritual
se iniciaron.
El ojo,
el triángulo,
las orgías sangrientas
del Dios Baal con su barriga de fuego.
Dioses, muerden.
Ocultos en reuniones secretas
dirigen los campos de batalla.
Si no les brindamos pleitesías,
si no consentimos al aplauso
nos detienen en cuartos,
nos inyectan demencia
y luego nos arrojan
desde el trigésimo piso
de un hotel
al pavimento.

Asilos

Asilos de locos
en pueblecitos apartados
donde hay carnicerías
donde venden pan y flores.
Camino a empujones
hacia el jardín de los enfermos.
Atravieso corredores donde hay fantasmas.
Vivir en la locura, una hora,
respirarla, vestirla y sacarla a pasear.
Ella gritaba todo el tiempo.
Ingresarla fue lo mejor para todos.
Insulina, electroshocks,
y más tarde, la lobotomía.
Los amarran a las sillas,
si prosiguen con la letanía,
les tiran cubos de agua.
Hay lugares donde a los locos
se les considera poseídos.
A veces ha faltado muy poco
para que los quemen.
Fascinan,
y es que dentro de uno
la locura se esconde.
Si una se acerca al abismo,
se entretiene indecisa,
y no salta, te atrapa.
Entonces existes pegada al espejo

en un sueño o delirio perenne.
Sedados,
tan tranquilos
que hay que cargarlos
y abandonarlos en una nube de espanto.
Las rosas de este jardín
ocultan los despojos del mundo.
Aquí se manifiestan los enigmas,
el espejismo, el error, el rechazo,
la negación y el equívoco.
La locura desprecia lo cotidiano,
rompe paredes y escapa aturdida.
Es el desorden cósmico en la mente.
La invasión de lo incomprensible.
Y ella en la camilla,
y ellos amarrados en sillas,
pidiendo una liberación
que nunca ha de llegar.
El tiempo los ha arrastrado
al vórtice de la nada.
Quedan atrás
las habitaciones,
salpicadas de electros
los pomos de insulina
y en el techo
las partículas
de algún cerebro.

Final

Para el final del poema
ninguna palabra sirve.
Para el final,
nada sirve.
La fiera conoce
el trueno que apunta
a la garganta, la hiere de muerte.

Se lo dije a la loca
que me asediaba con versículos
de Génesis y Samuel.
Tenía ojos azules untados
de mascarilla veneciana
ocultando la enfermedad.
Todos traían paraguas negros al comedor.
Ataques imaginarios.
Me evitaban, me tenían pavor.
Y es que mientras ellos engullían
mi lengua los asaltaba
porque rezaban y pedían milagros.
Les hice el cuento del paraíso
cercado con alambre de púas.
De cómo Eva tuvo un hijo con Adán
y otro con la serpiente.
De los astros y las colisiones:
Júpiter empujando a Venus,
Venus enredada

en los brazos de Marte, el Guerrero,
concibiendo a Hércules,
cazador y asesino doce veces,
que a su vez engendró
un gigante.
El orgasmo más intenso,
el más profundo y perfecto
abrió la tierra en dos mitades,
fecundándola con explosiones
y mugidos.
Surgieron poemas que describen
las batallas entre los príncipes de la luz
y los príncipes de las sombras.
En planos de altas vibraciones.
se inventaron mitos
con vestigios de historia,
conversaciones con dioses
que nos reconocieron por la semejanza
aunque nunca certificaron nuestro origen.
(La intimidad entre la serpiente y mi madre).
Nos contaron en un libro
que la serpiente nos traicionó,
y que fue nuestra perdición
su idilio con el conocimiento.
En tu dedo, el compromiso, el anillo.
Mina, Mina, mente, siembra serpientes.
La serpiente verde con hojas de salvia
en cada eslabón de la vida.
La serpiente que como la lluvia
penetra la tierra y rebota en el pavimento.
Imágenes perdidas en alguna de mis cajas.
Madre verde, madre gris, me amordazas.

Cuando mi cuerpo posea escamas como el tuyo,
nos reconciliaremos.
El principio y el fin,
en el medio y en el entrecorte
emergiendo de la materia oscura,
Madre, la Madre, yo,
encerrada en ella
renunciando al entendimiento.
Hay palomas que se pasan el día
repitiendo el mismo sonido,
buscando la salida,
la puerta de la liberación.
Ahí tú, con rostros diferentes.
Tientas y sucumbo
y me rechazas otra vez.
Antes de irte, me golpeas,
me callas y si pudieras
arrancarías mi voz.
Una sin madre no vive.
Una sin amor agoniza.
Una termina en salas
de veredictos y acusaciones,
mientras dentro se oye una melodía
que yo quisiera cantar como la paloma,
notas tan dulces
que nunca saldrán al aire,
que quedarán en mi cuarto.

Catálogo Bokeh

Abreu, Juan (2017): *El pájaro*. Leiden: Bokeh.

Aguilera, Carlos A. (2016): *Asia Menor*. Leiden: Bokeh.

— (2017): *Teoría del alma china*. Leiden: Bokeh.

Aguilera, Carlos A. & Morejón Arnaiz, Idalia (eds.) (2017): *Escenas del yo flotante. Cuba: escrituras autobiográficas*. Leiden: Bokeh.

Alabau, Magali (2017): *Ir y venir. Poesía reunida 1986-2016*. Leiden: Bokeh.

— (2019): *Mordazas*. Leiden: Bokeh.

Alcides, Rafael (2016): *Nadie*. Leiden: Bokeh.

Andrade, Orlando (2015): *La diáspora (2984)*. Leiden: Bokeh.

Armand, Octavio (2016): *Concierto para delinquir*. Leiden: Bokeh.

— (2016): *Horizontes de juguete*. Leiden: Bokeh.

— (2016): *origami*. Leiden: Bokeh.

— (2018): *El lugar de la mancha*. Leiden: Bokeh.

— (2018): *Superficies*. Leiden: Bokeh.

Aroche, Rito Ramón (2016): *Límites de alcanía*. Leiden: Bokeh.

Blanco, María Elena (2016): *Botín. Antología personal 1986-2016*. Leiden: Bokeh.

Caballero, Atilio (2016): *Rosso lombardo*. Leiden: Bokeh.

— (2018): *Luz de gas*. Leiden: Bokeh.

Calderón, Damaris (2017): *Entresijo*. Leiden: Bokeh.

Castaños, Diana (2019): *Yo sé por qué bala la oveja mansa*. Leiden: Bokeh

Columbié, Ena (2019): *Piedra*. Leiden: Bokeh.

Conte, Rafael & Capmany, José M. (2019): *Guerra de razas. Negros contra blancos en Cuba*. Leiden: Bokeh, colección Mal de archivo.

DÍAZ DE VILLEGAS, Néstor (2015): *Buscar la lengua. Poesía reunida 1975-2015*. Leiden: Bokeh.

— (2015): *Cubano, demasiado cubano. Escritos de transvaloración cultural*. Leiden: Bokeh.

— (2017): *Sabbat Gigante. Libro primero: Hojas de Rábano*. Leiden: Bokeh.

— (2018): *Sabbat Gigante. Libro segundo: Saigón*. Leiden: Bokeh.

DÍAZ MANTILLA, Daniel (2016): *El salvaje placer de explorar*. Leiden: Bokeh.

FERNÁNDEZ FE, Gerardo (2015): *La falacia*. Leiden: Bokeh.

— (2015): *Notas al total*. Leiden: Bokeh.

FERNÁNDEZ LARREA, Abel (2015): *Buenos días, Sarajevo*. Leiden: Bokeh.

— (2015): *El fin de la inocencia*. Leiden: Bokeh.

FERRER, Jorge (2016): *Minimal Bildung. Veintinueve escenas para una novela sobre la inercia y el olvido*. Leiden: Bokeh.

GALA, Marcial (2017): *Un extraño pájaro de ala azul*. Leiden: Bokeh

GALINDO, Moisés (2019). *Catarsis*. Leiden: Bokeh.

GARBATZKY, Irina (2016): *Casa en el agua*. Leiden: Bokeh.

GARCÍA, Gelsys (2016): *La Revolución y sus perros*. Leiden: Bokeh.

GARCÍA, Gelsys (ed.) (2017): *Anuncia Freud a María. Cartografía bíblica del teatro cubano*. Leiden: Bokeh.

GARCÍA OBREGÓN, Omar (2018): *Fronteras: ¿el azar infinito?* Leiden: Bokeh.

GARRANDÉS, Alberto (2015): *Las nubes en el agua*. Leiden: Bokeh.

GÓMEZ CASTELLANO, Irene (2015): *Natación*. Leiden: Bokeh.

GONZÁLEZ NOHRA, Fernando (2019): *Con sumo placer*. Leiden: Bokeh.

GUTIÉRREZ COTO, Amauri (2017): *A las puertas de Esmirna*. Leiden: Bokeh.

HARDING DAVIS, Richard (2019): *Notes of a War Correspondent*. Leiden: Bokeh, colección Mal de archivo.

HERNÁNDEZ BUSTO, Ernesto (2016): *La sombra en el espejo. Versiones japonesas*. Leiden: Bokeh.

— (2016): *Muda*. Leiden: Bokeh.

— (2017): *Inventario de saldos. Ensayos cubanos*. Leiden: Bokeh.

HONDAL, Ramón (2019): *Scratch*. Leiden: Bokeh.

HURTADO, Orestes (2016): *El placer y el sereno*. Leiden: Bokeh.

JESÚS, Pedro de (2017): *La vida apenas*. Leiden: Bokeh.

KOZER, José (2015): *Bajo este cien*. Leiden: Bokeh.

— (2015): *Principio de realidad*. Leiden: Bokeh.

LAGE, Jorge Enrique (2015): *Vultureffect*. Leiden: Bokeh.

LAMAR SCHWEYER, Alberto (2018): *Ensayos sobre poética y política. Edición y prólogo de Gerardo Muñoz*. Leiden: Bokeh, colección Mal de archivo.

LUKIĆ, Neva (2018): *Endless Endings*. Leiden: Bokeh.

MARQUÉS DE ARMAS, Pedro (2015): *Óbitos*. Leiden: Bokeh.

MIRANDA, Michael H. (2017): *Asilo en Brazos Valley*. Leiden: Bokeh.

MORALES, Osdany (2015): *El pasado es un pueblo solitario*. Leiden: Bokeh.

MOREJÓN ARNAIZ, Idalia (2019): *Una artista del hombre*. Leiden: Bokeh.

MÉNDEZ ALPÍZAR, L. Santiago (2016): *Punto negro*. Leiden: Bokeh.

PADILLA, Damián (2016): *Phana*. Leiden: Bokeh.

PEREIRA, Manuel (2015): *Insolación*. Leiden: Bokeh.

PONTE, Antonio José (2017): *Cuentos de todas partes del Imperio*. Leiden: Bokeh.

— (2018): *Contrabando de sombras*. Leiden: Bokeh.

PORTELA, Ena Lucía (2016): *El pájaro: pincel y tinta china*. Leiden: Bokeh.

— (2016): *La sombra del caminante*. Leiden: Bokeh.

PÉREZ CINO, Waldo (2015): *Aledaños de partida*. Leiden: Bokeh.

— (2015): *El amolador*. Leiden: Bokeh.

— (2015): *La isla y la tribu*. Leiden: Bokeh.

— (2019): Apuntes sobre Weyler. Leiden: Bokeh.

QUINTERO HERENCIA, Juan Carlos (2016): *El cuerpo del milagro*. Leiden: Bokeh.

RODRÍGUEZ, Reina María (2016): *El piano*. Leiden: Bokeh.

— (2018): *Poemas de navidad*. Leiden: Bokeh.

RODRÍGUEZ IGLESIAS, Legna (2015): *Hilo + Hilo*. Leiden: Bokeh.

— (2015): *Las analfabetas*. Leiden: Bokeh.

SAUNDERS, Rogelio (2016): *Crónica del decimotercero*. Leiden: Bokeh.

STARKE, Úrsula (2016): *Prótesis. Escrituras 2007-2015*. Leiden: Bokeh.

SÁNCHEZ MEJÍAS, Rolando (2016): *Mecánica celeste. Cálculo de lindes 1986-2015*. Leiden: Bokeh.

TIMMER, Nanne (2018): *Logopedia*. Leiden: Bokeh.

VALDÉS ZAMORA, Armando (2017): *La siesta de los dioses*. Leiden: Bokeh.

VEGA SEROVA, Anna Lidia (2018): *Anima fatua*. Leiden: Bokeh.

VILLAVERDE, Fernando (2016): *La irresistible caída del muro de Berlín*. Leiden: Bokeh.

— (2016): *Los labios pintados de Diderot*. Leiden: Bokeh.

WILLIAMS, Ramón (2019): *A dónde*. Leiden: Bokeh.

WINTER, Enrique (2016): *Lengua de señas*. Leiden: Bokeh.

WITTNER, Laura (2016): *Jueves, noche. Antología personal 1996-2016*. Leiden: Bokeh.

ZEQUEIRA, Rafael (2017): *El winchester de Durero*. Leiden: Bokeh.

www.ingramcontent.com/pod-product-compliance
Lightning Source LLC
Chambersburg PA
CBHW022014080426
42733CB00007B/601